Edition Akzente
Herausgegeben von
Michael Krüger

Philippe Jaccottet
Antworten am Wegrand

Deutsch von
Elisabeth Edl und Wolfgang Matz

Carl Hanser Verlag

Die Originalausgabe erschien unter dem Titel
Cahier de verdure

ISBN 978-3-446-20954-1

Umschlag nach einem Entwurf von Klaus Detjen
Printed in Germany

Der Kirschbaum

Manchmal denke ich, wenn ich immer noch schreibe, dann ist es oder sollte es vor allem sein, um die mehr oder weniger leuchtenden und überzeugenden Fragmente einer Freude zusammenzutragen, von der man versucht wäre zu glauben, sie sei eines Tages, vor langer Zeit, explodiert wie ein innerer Stern und habe ihren Staub in uns ausgestreut. Daß ein wenig von diesem Staub aufschimmert in einem Blick, ist wahrscheinlich das, was uns am meisten verunsichert, bezaubert oder verwirrt; aber genau überlegt, ist es weniger seltsam, als wenn man seinen Glanz, oder den Widerschein dieses fragmentierten Glanzes, in der Natur überrascht. Zumindest wird dieser Widerschein für mich der Ursprung so mancher, nicht immer vollkommen fruchtloser Träumereien gewesen sein.

Diesmal war es ein Kirschbaum; kein blühender Kirschbaum, der in kristallklarer Sprache zu uns spricht; sondern ein mit Früchten beladener, den ich an einem Juniabend auf der anderen Seite eines großen Kornfeldes erblickte. Einmal mehr war es, als sei dort drüben jemand aufgetaucht und spreche mit mir, ohne wirklich mit mir zu sprechen, ohne ein Zeichen zu geben; jemand, oder vielmehr etwas, und »etwas Schönes« natürlich; aber während sich, hätte dort eine menschliche Gestalt, eine Spaziergängerin gestanden, Verwirrung unter meine Freude gemischt hätte und bald auch das Verlangen, zu ihr hinüberzulaufen, sie einzuholen, im ersten Augenblick unfähig zu sprechen, und nicht nur, weil ich zu schnell gelaufen wäre, sie dann anzuhören, zu antworten, sie mit meinen Worten zu umgarnen oder mich von den ihren umgarnen zu lassen – und es hätte, mit ein wenig Glück, eine ganz andere Geschichte begonnen, in einer mehr oder weniger beständigen Mischung aus Licht und Schatten; während hier also eine neue Liebesgeschichte begonnen hätte, wie ein neuer Bach, entsprungen aus einer neuen Quelle, im Frühling – verspürte ich nicht den geringsten Wunsch, diesen Kirschbaum einzuholen, ihn zu erobern, ihn zu besitzen; oder vielmehr: es war schon geschehen, ich war eingeholt, erobert worden, ich hatte nichts weiter zu erwarten, zu verlangen; es handelte sich um eine andere Art von Geschichte, Begegnung, Sprache. Noch schwieriger zu begreifen.

Sicher, derselbe Kirschbaum, herausgelöst, abgelöst von seinem Ort, hätte mir nicht viel bedeutet, auf jeden Fall nicht dasselbe. Auch nicht, wäre ich zu einer anderen Tageszeit auf ihn gestoßen. Vielleicht wäre er auch stumm geblieben, wenn ich ihn hätte suchen, ausfragen wollen. (Manche glauben, daß »der Himmel sich abwendet« von denjenigen, die ihn mit ihrer Erwartung, ihren Gebeten ermüden. Wollte man diese Worte im buchstäblichen Sinn verstehen, was für ein Knarren von Türangeln würde an unsere Ohren dringen …)

Ich versuche, mich zu erinnern, so gut es geht, und zunächst daran, daß es Abend war, ziemlich spät sogar, lange nach Sonnenuntergang, in jener Stunde, wo das Licht über das Erhoffte hinaus anhält, bevor die Dunkelheit endgültig den Sieg davonträgt, was auf jeden Fall eine Gnade ist; weil eine Frist gewährt, eine Trennung hinausgezögert, ein dumpfer Schmerz gemildert wird – wie damals, vor langer Zeit, als jemand eine Lampe ans Bett brachte, um die Gespenster zu verjagen. Es ist auch eine Stunde, in der dieses überlebende Licht, denn seine Quelle ist nicht mehr sichtbar, aus dem Innern der Dinge zu strahlen und vom Boden aufzusteigen scheint; und an jenem Abend von dem Sandweg, dem wir folgten, oder vielmehr von dem Kornfeld, das schon hoch, aber immer noch grün war, fast metallisch, so daß man für einen Augenblick an eine Klinge dachte, als gleiche es der Sense, die es schneiden würde.

Es vollzog sich also eine Art Metamorphose: dieser Boden, der zu Licht wurde; dieses Korn, das an Stahl erinnerte. Zugleich war es, als ob die Gegensätze sich annäherten, miteinander verschmolzen, in diesem Augenblick, auch er, des Übergangs vom Tag zur Nacht, in dem der Mond wie eine Vestalin nun gleich die athletische Sonne ablösen käme. So wurden wir fortgeführt, nicht mit gebieterischer Faust oder durch den Peitschenhieb des Blitzes, sondern unter einem Druck, kaum wahrnehmbar und sanft wie eine zärtliche Berührung, weit zurück in der Zeit und tief in uns drinnen, hin zu jenem imaginären Zeitalter, in dem das Nächste und das Fernste noch miteinander verbunden waren, so daß die Welt das beruhigende Aussehen eines Hauses bot, oder manchmal sogar eines Tempels, und das Leben das einer Musik. Ich glaube, was noch zu mir drang, war der nur mehr sehr gedämpfte Widerschein davon, wie auch jenes Licht zu uns dringt, so alt, daß die Astronomen es »fossil« genannt haben. Wir gingen durch ein großes Haus mit offenen Türen, das eine unsichtbare Lampe gedämpft erleuchtete; der Himmel war wie eine gläserne Wand, die beim Vorüberstreichen der kühler gewordenen Luft unmerklich vibrierte. Die Wege waren die eines Hauses; Gras und Sense waren nur mehr eins; die Stille wurde nicht so sehr gebrochen, als vielmehr vergrößert durch das Gebell eines Hundes und die letzten schwachen Rufe der Vögel. Ein Türflügel, mit einer feinen Silberschicht überzogen, hatte uns sein Funkeln zugekehrt. Und da, eben da war er aufgetaucht, ziemlich weit entfernt, auf der anderen Seite, am Feldrain, zwischen anderen Bäumen, immer dunkler und bald schwärzer als die Nacht, die ihren Schlaf aus Blättern und Vögeln beschützte, dieser große Kirschbaum, mit Kirschen beladen. Seine Früchte waren wie eine lange Traube von Rot, ein Fließen von Rot in dunklem Grün; Früchte in einer Wiege oder einem Korb aus Blättern; Rotes in Grünem, um jene Stunde, wo die Dinge ineinandergleiten, um die Stunde eines langsamen und stummen Anscheins von Metamorphose, um die Stunde des Erscheinens einer beinahe anderen Welt. Die Stunde, in der sich etwas zu drehen scheint, wie eine Tür in ihren Angeln.

Was mochte dieses Rot sein, daß es mich so sehr überraschte, so sehr erfreute? Sicherlich kein Blut; wenn der am anderen Feldrand stehende Baum verletzt gewesen wäre, einen derart befleckten Körper gehabt hätte, ich hätte darüber nur Schrecken empfunden. Doch ich gehöre nicht zu denen, die glauben, daß Bäume bluten, und die über einen abgesägten Ast ebenso erschüttert sind wie über einen verwundeten Menschen. Es war eher wie Feuer. Aber nichts brannte. (Ich habe Feuer in Gärten, auf Feldern immer gemocht: es ist zugleich Wärme und Licht, aber, weil es sich bewegt, um sich schlägt und beißt, auch eine Art wildes Tier; und auf eine tiefere, unerklärlichere Weise etwas wie eine Öffnung in der Erde; eine Schneise in den Schranken des Raums, etwas, dem wir nur schwer dorthin folgen können, wo es uns offenbar hinführen will, als ob die Flamme nicht mehr ganz von dieser Welt wäre: verborgen, widerspenstig und eben dadurch Quelle der Freude. Diese Feuer brennen in meiner Erinnerung noch immer, mir scheint, gerade in diesem Augenblick, ich gehe ganz nahe an ihnen vorüber. Man könnte meinen, jemand habe sie aufs Geratewohl über das Land gesät und sie begännen nun alle gleichzeitig mit dem Winter zu blühen. Ich kann meine Augen nicht losreißen. Weiß ich, ohne auch nur daran zu denken, daß sie sich, während sie knistern, von welken Blättern ernähren? Es sind kurzlebige Bäume, geschüttelt vom Wind. Oder Füchse, fahlrote Gefährten.)

Aber jenes Rot da drüben brannte nicht, knisterte nicht; es war nicht einmal Glut, wie sie verstreut in der Ferne übrigbleibt, am Ende des Tages. Anstatt wie Flammen aufzusteigen, floß es oder hing, eine Traube, Gehänge von Rot oder von Purpur; im Schutz des tiefdunklen Grüns. Oder muß man doch, weil es leuchtete und wärmte, weil es aus weiter Ferne zu kommen schien, muß man doch sagen, es war wie hängendes Feuer, das nicht zerreißen, nicht beißen würde, das mit Wasser vermischt wäre, eingefangen in etwas wie feuchte Kugeln, besänftigt, gebändigt? Wie eine Flamme in einer gläsernen Lampe? Eine gezähmte Feuertraube, vereint mit nächtlichem Wasser, mit sich vorbereitender Nacht, im Heraufziehen, aber noch nicht vollendet?

Grenzenlose Sanftheit bebte über all dem wie ein Lufthauch, auffrischend beim Nahen der Nacht. Ich glaube, daß unsere Schale, von Jahr zu Jahr rauher, für ein paar Augenblicke geschmeidiger wurde, so wie die Erde auftaut und neues Wasser an ihre Oberfläche quellen läßt.

Es gab ein Band zwischen den Blättern und der Nacht und dem etwas ferneren Fluß, den man nicht hörte; es gab noch ein anderes zwischen den Früchten und dem Feuer, dem Licht. Was uns angehalten hatte und zu uns zu sprechen schien am anderen Rand des vom Wind, wie ein bleicher Fluß, gekräuselten Feldes, glich ein wenig, ohne daß es aufhörte, ein fruchtbeladener Kirschbaum zu sein, dessen Art ich beim Nähertreten hätte erkennen können – so wie nichts um uns herum aufhörte, Weg, Feld und Himmel zu sein –, einem kleinen Naturdenkmal, das in seinem Herzen plötzlich durch das Öl einer Opfergabe erleuchtet worden wäre, eine Art Pfeiler, aber imstande zu beben, selbst wenn er in diesem Augenblick vollkommen reglos wirkte – geschmückt, für ein Sich-Erinnern, mit einer Traube aus Früchten, aus gezähmtem Feuer; so daß bei seinem Anblick, während man doch geglaubt hatte, nur über allzu vertraute Wege zu gehen, sich alles veränderte, alles einen anderen Sinn bekam, oder überhaupt erst einen Sinn; genauso, wenn sich in einem Saal Gesang erhebt oder auch nur Worte, jedoch nicht irgendwelche, in einem Zimmer: dann ist es immer noch derselbe Saal, dasselbe Zimmer, man hat es nicht verlassen, so wenig wie man befreit gewesen ist von der gründlichen Arbeit der zerstörerischen Zeit, und dennoch scheint etwas Wesentliches verändert. Ohne daß es mir bewußt wurde, spürte ich an jenem Abend vielleicht, daß Zeit, Stunden, während derer ich selbst gelebt hatte, das heißt des Tages, aber auch der Nacht, langsam in diese Früchte eingedrungen waren, um sie zu runden und schließlich purpurn zu färben; daß sie in der Schwebe all dies enthielten, selbst schwebend in ihrem Blätterschutz, als würden sie ausgebrütet von diesen grünen, bald aber schwarzen Flügeln, und schwärzer noch als der Himmel, unter dem sie in ihrem Schlaf kaum merklich erbebten …

Es wäre klüger von mir gewesen, zu gehen und diese Früchte zu pflücken, wird manch einer denken, und nicht soviel Umstände zu machen. Aber ich verstehe mich auch darauf, sie zu pflücken, ich liebe ihre Pracht am helllichten Tag, ihre Rundung von gesunden Wangen, ihren manchmal säuerlichen, manchmal wäßrigen Geschmack, ihr Scharlachrot. Das ist ganz einfach eine andere Geschichte: in der Hitze des Tages, in der prallen Sonne, mit einem schnell aufkeimenden Verlangen in andere Früchte zu beißen, mit Leitern, auf denen keine Engel zu dem strahlenden Himmel dieses Sommeranfangs hinaufsteigen, sondern viel Besseres als Engel …

Eine Farbe in einer anderen, in einem Augenblick des Übergangs, in dem man einen Stab übergibt – der Sonnenathlet an die Vestalin, die langsamer zu sein scheint als er –; wie ein Herz, wie das Heiligste Herz Christi auf Andachtsbildern?

Der brennende Dornbusch.

Ein Feuer, im Schutz dieser Blätter, die selbst eher schlaffarben sind. Friedlich, besänftigend. Das Federkleid eines Muttervogels.

Purpurrote Eier, ausgebrütet unter diesen dunklen Federn.

Ein fernes Fest, unter Blätterbögen. Weit weg, immer weiter weg.

Tantalus? Ja, wenn diese Früchte Brüste wären. Aber sie sind nicht einmal ein Bild davon.

Von außen gekommene Ratschläge: manche Orte, manche Augenblicke »biegen« uns, da ist etwas wie ein Druck der Hand, einer unsichtbaren Hand, die einen veranlaßt, die Richtung zu ändern (der Schritte, des Blicks, des Denkens); diese Hand könnte auch ein Windhauch sein, wie jener, der Blätter, Wolken, Segelboote treibt. Eine Einflüsterung, mit ganz leiser Stimme, wie von jemandem, der murmelt: schau oder höre, oder auch nur: warte. Aber hat man noch Zeit zu warten, Geduld zu warten? Und dann, geht es wirklich um Warten?

Ist überhaupt etwas geschehen?

Eine Flamme zwischen zwei Handflächen, die sie anstrahlt, leicht erwärmt. Eine Blendlaterne. Gäbe es ein schöneres Schild, für einen schöneren Gasthof? In den man nicht eintreten müßte, um sich geborgen zu fühlen, nicht trinken müßte, um seinen Durst zu stillen?

»Zum fruchtbeladenen Kirschbaum.« Merkwürdiges Schild, obwohl es schön ist, und wunderlicher Reisender, von Traumgebilden geleitet und genährt! Sieht er nicht ein wenig verstört aus nach all dem, kommt er dir nicht abgemagert vor? Wenn der Wind, der ihn bei Anbruch dieser Sommernacht an alte Zärtlichkeiten denken läßt, stärker werden und entfesselt toben sollte, ich fürchte, er kann ihm nicht lange trotzen. Man schützt sich vor dem Alter nicht mit Erinnerungen oder Träumen. Vielleicht nicht einmal mit Gebeten. Aber wer hat dir jemals irgend etwas versprochen? Mehr zumindest als diese Trugbilder, so schön, daß sie dir den Schlaf rauben? Viel zu schön jedoch, denkt er fast besessen weiter, um nichts anderes zu sein als Trug.

Grünung

Rose, unversehens wie eine Rose
erblüht in der kalten Jahreszeit.

Kein Schnee,
doch viel beherztes Wasser im Fels
und auf dem Weg Veilchen.

Wasser, grün durch das Gras.

Rose, Pförtnerin des Jahres.

Wie an der Wange die flüchtige Rose,
so vergeht der Schnee, eh er die Erde berührt,
wohltätig.

Diese grüne Mulde hoch oben, ohne Blumen und ohne Vögel, diese grüne Terrasse, über der schnelle Wolken hinziehen, plötzlich aufgetaucht wie Herden aus dem unsichtbaren und kalten Abgrund, der dahinter steil abfällt, diese Wiesen, auf denen schon lange kein Vieh mehr weidet.

Im funkelnden Glanz, der sich im Gegenlicht verschleiert, diese Art Hängematte aus Gras, die Luft, frisch in der Höhe und nahe am Boden mild, der Stall aus abgenutztem Elfenbein, wie eine brennende Lampe bei hellichtem Tag, wie auch der kaum zu erahnende Mond, milchschwere Brust.

Geht noch einmal zu jenen Bergseen, die daliegen wie in Smaragde verwandelte Wiesen. Vielleicht wird man aus ihnen nicht mehr trinken, vielleicht sieht man sie deshalb erst jetzt. Es gibt im Gebirge soviel Smaragde, wie man auf flüchtige Tiere trifft. Und der Frühling ist leuchtender Staub.

WAPPEN, GRÜN UND WEISS

Noch etwas anderes habe ich gesehen bei der Rückkehr von einer langen Wanderung im Regen, durch ein beschlagenes Autofenster hindurch: diesen kleinen Quittenbaumgarten, vor dem Wind geschützt durch einen grasbewachsenen Erdwall, im April.

Ich sagte mir (und sollte es mir später vor denselben Bäumen an anderen Orten wiedersagen), daß es nichts Schöneres gibt als diesen Baum, wenn er in Blüte steht. Vielleicht hatte ich die Apfelbäume, die Birnbäume meiner Heimat vergessen.

Offenbar ist es nicht mehr erlaubt, das Wort Schönheit zu gebrauchen. Natürlich, es ist furchtbar abgenutzt. Und dennoch kenne ich die Sache gut. Gewiß ist dieses Urteil über Bäume merkwürdig, wenn man darüber nachdenkt. Was mich angeht, der wirklich nicht viel von der Welt versteht, so frage ich mich langsam, ob jenes »Allerschönste«, daß ich instinktiv als solches empfand, nicht das ist, was dem Geheimnis der Welt am nächsten kommt, die getreueste Übersetzung der Botschaft, von der man zuweilen glaubt, sie würde uns zugeworfen durch die Luft; oder, wenn man so will, die richtigste Öffnung auf das, was anders nicht erfaßt werden kann, auf diese Art von Raum, den man nicht betreten kann, den jedoch sie für einen Augenblick enthüllt. Wenn nicht etwas Ähnliches dahintersteckte, wären wir schön dumm, darauf hereinzufallen.

Ich schaute, ich verweilte bei meiner Erinnerung. Dieses Blühen war anders als das von Kirsch- oder Mandelbäumen. Es glich weder Flügeln noch Bienenschwärmen, noch Schnee. Das ganze, Blüten und Blätter, besaß etwas Festeres, Ruhigeres; auch Dichteres, Undurchsichtigeres. Kein Zittern, kein Beben wie bei abflugbereiten Vögeln; es schien auch nicht zu beginnen, zu entstehen oder hervorzusprudeln wie etwas, was erfüllt ist von einer Verkündigung, einem Versprechen, einer Zukunft. Es war einfach nur da. Gegenwärtig, ruhig, unleugbar. Und obwohl dieses Blühen kaum länger währte als bei den anderen Bäumen, rief es beim Blick, beim Herzen keinerlei Eindruck von Zerbrechlichkeit, von Flüchtigkeit hervor. Unter diesen Zweigen, in diesem Schatten, war kein Platz für Melancholie.

Grün und weiß. Das Wappen dieses Gartens.

Während ich von diesen beiden Farben träumte, über sie nachdachte, ist mir auf einmal die *Vita nova* wieder in den Sinn gekommen, jenes kleine Buch, das mich schon früher beschäftigt hatte, als ich so etwas wie Madrigale entwarf, im Zeichen eines anderen, späteren Genies aus Italien: Claudio Monteverdi. Dieser Titel erweckte in mir das Bild von jungen Damen mit ebenso edlem Geist wie reinem Herzen, die gleich Musikern Gruppen bildeten, auf und ab gingen, miteinander sprachen, abwechselnd lachend und ernst, rein, aber ganz und gar nicht körperlos, äußerst begehrenswerte Schwestern jener Engel, die man überall findet in der Malerei von damals. Und ich sah sie, diese jungen Frauen, in weiße, grünbestickte Gewänder gekleidet wie bereits schon, so schien mir, jene

Gestalt des Frühlings, die das Frontispiz meiner Übersetzung des *Hyperion*-Fragments in der Ausgabe von 1957 schmückt (wenn ich mich nicht irre, ein griechisches Bild, auf dem, zumindest in der Reproduktion, die junge Frau zwar eine weiße Blume vor dem Hintergrund einer grünen Wiese pflückt, jedoch ein eher gelbliches Kleid trägt), oder jene Gestalt der Flora in Botticellis *Frühling*, mit ihrer Krone und ihrem Halsband von Blüten (und schon Hölderlins Zeilen erinnerten durch ihre edle Jugend an jene der *Vita nova*).

Als ich dieses Buch nun aber wiederlas, stellte ich nicht ohne Verwunderung fest, daß mit Ausnahme des blutroten Kleides, in dem Beatrice Dante zweimal erscheint, und beim zweiten Mal im Traum, in der gesamten Erzählung keine einzige Farbe erwähnt wird außer dem Weiß, das gar keine Farbe ist. Das Werk ist sehr viel strenger, unfaßlicher, als es meiner Erinnerung erschienen war. Dieses Fehlen jeder Farbe macht es jedoch nicht blutleer. Fast könnte man sagen, es sei in einer Sprache aus Glas geschrieben, einer durchsichtigen Sprache; man glaubt, eine gläserne Fuge zu hören, in der nichts je den Strahl eines zarten, bisweilen herzzerreißenden, weil fernen, unbegreiflichen Lichtes aufhält. Und der einzige wirkliche Vergleich, der sich dort findet, wobei einer der beiden Begriffe dem Tatsächlichen entnommen ist, steht im achtzehnten Kapitel: »Und wie wir manchmal das Wasser niederfallen sehen vermischt mit schönem Schnee, so schien mir, ich sähe ihre Worte hervorperlen vermischt mit Seufzern«, ein Griff also nach der allerleichtesten, durchscheinendsten Materie, mit der die Worte nicht zufällig gleichgesetzt werden; und ebensowenig ist es Zufall, wenn Dante gleich zu Beginn des folgenden Kapitels, als sei es ein Echo, schreibt: »Dann geschah es, als ich einen Weg entlangschritt, neben dem ein sehr klarer Bach dahinfloß, daß mich ein so starkes Verlangen packte, dies alles zu sagen, daß ich sogleich überlegte, wie ich es anfangen könnte ...« Alles hier ist Schritt und Worte. Dante schreitet, und er spricht; er hört Lachen, Weinen, Sprechen. Auch in der *Göttlichen Komödie* tut er nichts anderes, in einer unendlich weiteren und kargeren Landschaft; aber sein Schritt wird entschlossener, die Begegnungen vielfältiger und ernster, die Worte viel sicherer, tiefer, erfüllter.

Ich mußte näher herantreten an diese Bäume. Ihre weißen, ganz leicht ins Rosa gehenden Blüten erinnerten mich abwechselnd an Wachs, Elfenbein, Milch. Waren es Siegel aus Wachs, Medaillen aus Elfenbein, aufgehängt in diesem grünen Zimmer, in diesem stillen Haus?

Sie erinnerten mich auch an jene Wachsblumen, die man früher in Kirchen unter Glasstürzen sehen konnte, ein Schmuck, weniger vergänglich als echte Sträuße; danach ist mir dieser Garten, »einfach und still« wie jenes Leben, das Verlaines Kaspar Hauser sich in seinem Gefängnis erträumt, ganz selbstverständlich wie eine weiße Kapelle im Grünen erschienen, ein einfacher Bildstock am Wegrand, wo ein einsamer Feldblumenstrauß stumm weiterbetet für den Wanderer, der ihn eines Tages hier hingelegt hat, mit frommer oder auch achtloser Hand, weil er sich vor einem Schmerz fürchtete oder einem Vergnügen entgegenging.

Grün und weiß.

»Ja, damals war es, daß die einfachen und schönen Schäferinnen von Tal zu Tal und von Hügel zu Hügel gingen, mit langen Zöpfen und Flechten, ohne andere Kleider als jene, die notwendig waren, um ehrbar zu bedecken, was die Ehre jetzt und immer schon bedeckt sehen will; und ihr Schmuck waren ein paar ineinander verwobene Blätter von grünen Kletten und Efeu ...«

So beschreibt Don Quixote den verdutzten Schäfern das Goldene Zeitalter. Später dann, nach einem unglücklichen Abenteuer auf dem Ebro mit einem Kahn, den er für verzaubert hielt, wird ihn die Begegnung mit einer schönen Jägerin trösten: »Es trug sich zu, daß Don Quixote tags darauf bei Sonnenuntergang aus einem Wald kam und sein Blick auf eine grünende Wiese fiel, an deren anderem Ende er eine Gruppe von Menschen sah; als er näherkam, erkannte er, daß es vornehme Jäger waren. Er näherte sich noch mehr und erblickte eine edle Frau auf einem Paradepferd oder vollkommen weißen Zelter, der einen grünen Harnisch und einen Sattel aus silbernem Tuch trug. Das Kleid der Dame war ebenfalls grün ...«

Sehnsucht nach dem Goldenen Zeitalter, nach Pastoralen, Idyllen: Es war nicht unsinnig, daß die Träumerei mich angesichts dieses anderen Gartens dahin geführt hat. Cervantes macht sich als erster darüber lustig, doch die Kunstfertigkeit, mit der er all das wiedererschafft, ist zu groß, als daß er den Geschmack daran vollkommen verloren haben könnte. Sicher, die Entzauberung Dulcineas ist nicht das Werk bösartiger Magier, sondern das eines gereiften, klaren, sachlichen Blicks; es ist die gleiche Enttäuschung, die, noch tiefer geworden, Leopardi später an die Grenzen der Verzweiflung führen sollte. Trotzdem ist der Zauber da, wirkt noch immer, selbst in jener Epoche, die man als die erbarmungsloseste unserer Geschichte ansehen kann; wir waren seine Nutznießer (die Opfer, wenn man so will), noch kann man den Traum davon, oder die Erinnerung, nicht aus der Welt vertreiben. Ist der Triumph der Flora weniger wirklich als ihre Niederlage oder einfach nur kürzer? Ein Wagen, der auf einem Weg voranrollt, mit Gesang und Lachen geschmückt, und man kann nicht verhindern, daß er hinter der Biegung des Waldes verschwindet; an einem fernen Sommertag hat man selber auf ihm gesessen. Nur weil er nicht anhält, weil das Fest zu Ende geht, weil Musikanten und Tänzer früher oder später aufhören zu spielen und zu tanzen – muß man allein deshalb ihre Gaben abweisen, ihre Anmut verspotten?

Grün und weiß: Farben des Glücks unter allen Farben, aber näher an der Natur als die anderen; ländliche Farben, weibliche, tiefe, frische und reine, Farben, weniger stumpf als zurückhaltend, Farben, die eher friedlich wirken, beruhigend ...

So vermischten sich in meinem Geist undeutliche Bilder aus der wirklichen Welt und aus alten Büchern, wie es ihnen gefiel. Weibliche Gestalten unterschieden sich kaum von den Blüten oder den Blättern, die ihre Kleider und ihr Haar schmückten; nichts anderes wollten sie, als einen in ihren Tanz ziehen, mit ihrem Gesang bestricken, um Schutz zu bieten vor Schlägen, um alle Wunden zu heilen; bestrickend, heilend, ja, ganz so wie Zerline für Masetto im *Don Giovanni*, wie Zerline oder Zerlines Arie (was ein und dasselbe ist); bestrickend, betäubend sogar und wahrscheinlich täuschend, aber es ist eine Täuschung, die man der Geradheit zuweilen vorzieht.

Ich glaube, in jedem Obstgarten kann man die vollkommene Wohnstatt sehen: ein Ort, dessen Einrichtung beweglich ist, die Mauern durchlässig, das Dach leicht; ein Saal, der für die Hochzeit von Schatten und Licht so gut ausgestattet ist, daß jede Hochzeit von Menschen eher hier als in jenen Gruften gefeiert werden sollte, zu denen so viele Kirchen geworden sind.

Und dieser Garten hier, zur Hälfte grün, zur Hälfte weiß, ist das Wappen von bäuerlichen Hochzeiten und Frühlingsfesten, Musik von Schalmeien und kleinen Trommeln, gedämpft noch durch einen letzten Nebelschleier.

Seltsame Feste, merkwürdige Idyllen, denn mit diesen Feen kann man nicht tanzen, hält sie nicht einmal für einen Augenblick an der Hand!

Wenn diese wächsernen Siegel einen Brief verschließen, muß ich sie dann aufbrechen, um seinen Inhalt zu lesen?

Beständige Farben, undurchsichtig und ruhig; nichts, was zittert, nichts, was mit den Flügeln schlägt, nicht einmal etwas, was bebt. Als ob es keine Bewegung mehr gäbe, oder noch keine; ohne daß es jedoch Schlaf wäre, und noch weniger Steife, Erstarrung. Diese Kerzen, wenn es denn Kerzen sind, wachen für keinen Toten; diese Lichter beleuchten weder das Bett noch ein Buch. Sie brennen auch nicht: das wäre noch immer zuviel Bewegung, Fieber, Unruhe.

Es gibt viele Dinge auf dieser Welt, von denen ich getrunken habe und die mich vor dem Austrocknen bewahrten, viele Dinge, die die Leichtigkeit eines Lachens besaßen, die Lauterkeit eines Blicks. Halb verrät sich hier die Gegenwart einer Quelle im Gras, oder sollte es eine Milchquelle sein, das heißt … doch auf diesen Pfaden muß der Schritt unhörbar, müssen Geist und Herz langsamer oder fast schon vergessen werden, am Rande des glückseligen Verschwindens, eines unnennbaren Aufgehens im Draußen: als würde einem aus reiner Gnade eine weniger lebhafte, weniger durchsichtige Nahrung geschenkt als Wasser, ein verdichtetes, milchiges Wasser, gemildert durch seinen tierischen Ursprung, ein ebenfalls fleckenloses Wasser, aber zarter als Wasser.

Es kann sein, daß Grün die geheimnisvollste und zugleich besänftigendste aller Farben ist. Vielleicht versöhnt sie in ihren Tiefen den Tag und die Nacht? Ihr Name ist auch der Name alles Pflanzlichen: aller Gräser, aller Blätter. Für uns heißt das auch: Schatten, Kühle, Zuflucht eines Augenblicks. (»Hängt nicht euer Herz an diese Zuflucht eines Augenblicks«, rät die Kurtisane dem Mönch in *Die Dame von Engugi*, diesem Nô, das ich mit sechzehn las und niemals vergessen habe; was aber, wenn man sich, im Gegenteil, nie mehr von ihr lösen wollte?)

Wer mag mir das hingehalten haben, als ich vorüberging, wer hat erraten, daß ich unter meinem ordentlichen Äußeren vielleicht nur ein Bettler war, womöglich Durst hatte? Aber ich glaube nicht, daß es hinter diesem Kelch eine Hand gab, und darin liegt das ganze Geheimnis. Keine Dienerin diesmal, die unsichtbar im dunkelsten Winkel des Saales steht; auch nicht verwandelt in einen Baum wie einst, um der Begehrlichkeit eines Gottes zu entkommen. Als wäre das nicht mehr notwendig, oder wenigstens nicht mehr an diesem Tag, an diesem Ort, und als wäre die Dienerin im eigenen Herzen.

Ein Gruß im Vorübergehen, wo nichts ist, was grüßen wollte, nichts, was sich auch nur im geringsten um uns kümmerte. Warum also spricht das, was keine Stimme hat, zu uns unter diesem Himmel? Eine Erinnerung? Eine Entsprechung? Eine Art Versprechen sogar?

Bilder, deren Bewegung, wie die der Vögel, das Universum von neuem vernäht.

Wir gingen vorüber. Wir haben diese Schattenmilch getrunken, im April, mit den Augen.

Vielleicht brüteten diese reglosen Blätter die wirklichen, elfenbeinfarbenen Eier der Auferstehung?

Oder hätte ich, malte ich nur einfach rasch diesen Baum, den letzten Engel gemalt, den einzigen, dem wir unser Vertrauen schenken können, weil er aus der finsteren Welt gekommen ist, aus den Tiefen der Erde.

Ein Engel, bäuerlicher als die anderen, könnte man sagen, eher ein Hirte?

Wir, sogar wir, haben uns manchmal erhoben, um auf diese Weise einen elfenbeinernen Kelch dem Himmel entgegenzuhalten, dem Abbild des Himmels; wenn die Blätter nur reglos genug sind, uns zu verbergen.

Ein Schönes, um so schöner, je weniger es sich ergreifen läßt.

Das letzte Echo der »Schäferspiele«, ein Ruf, den man kaum noch vernimmt, an der Grenze des Hörbaren, denn die Milch, die aus dem Kelch fließt, ist stiller als jedes Wasser.

Der Regen ist wiedergekehrt auf den Blättern, die in nur wenigen Tagen dichter geworden sind, kräftiger. Man hätte sagen wollen, ein Schatten sei gefangen in diesem zerbrechlichen Käfig.

Das glückliche Blättergewimmel unter dem Regen; in wenigen Tagen hat sich alles in Grotten verwandelt, in Pavillons, dunkle Schränke, wo Kleider schemenhaft schimmern.

Wie wenn leichter Nebel über einer Quelle steht, deren Farbe die Farbe der Pflanzen ist, unter denen sie Obdach gefunden hat, trübt Verwirrung den Blick. Ein Schleier, er dämpft und schärft die hervorbrechende Gewalt aus der Tiefe.

Nie gesehene Wesen, als säßen sie unter Wolken mit mondversilbertem Rand.

Bevor du nicht ein für allemal eingegangen bist zu den Geistern, schreib, daß es keinen höheren Himmel gibt als diese Quelle in der Farbe von Gras.

AUF ANSTEIGENDEN STUFEN

Der Gesang der Lerchen auf dem Gipfel der Lance, am Ende der Mittsommernacht: Trunkenheit in der Eiseskälte, Raketen, wie um den Tag herbeizurufen, von dem ich nur den bleichen Abglanz erblicken sollte, der langsam, undeutlich die Felsen malte.

Ich konnte sie nicht erkennen, obwohl sie ganz in der Nähe aus dem Gras hervorgeschossen waren, ich hörte nur, daß sie immer höher stiegen, als würden sie die schwarzen Stufen der Nacht erklimmen. *Magnificat anima mea …*

Alle oder fast alle waren sie auf einmal hervorgeschossen, in großer Zahl, vollkommen unsichtbar, aus dem hohen, windzerwühlten Gras, unter der eisigen Peitsche des Windes, wie Klangraketen; oder vielmehr, so wollte es mir scheinen, während ich zuhörte und mich kaum aufrechthalten konnte im Wind: als wären sie damit beschäftigt, unter Schreien der Freude (oder des Zorns) eine Art von Zelt, von Baldachin immer höher zu tragen, ebenso unsichtbar wie sie selbst, denn es war noch immer stockfinstere Nacht; oder als hielten sie diesem schwarzen Himmel einen großen brodelnden Kelch zur Opfergabe entgegen. (So geschieht es einem verirrten Wanderer, daß er unverhofft auf eine wilde und unverständliche Festlichkeit trifft.)

Doch hier gab es weder Baldachin noch Kelch noch Gesänge.

Buffon schrieb über die Lerche: »Sie gehört zu den wenigen Vögeln, die im Flug singen; je höher sie steigt, desto lauter wird ihre Stimme.«

Und weiter: »Es ist behauptet worden, diese Vögel hegten eine Antipathie gegen bestimmte Gestirne, zum Beispiel gegen Arktur, und sie schwiegen, wenn dieser zugleich mit der Sonne aufgeht, offensichtlich ist dies die Zeit der Mauser, und gewiß würden sie sich auch mausern, wenn Arktur nicht aufginge.«

Es war ein entfesselter Gesang, gesungen, so mochte man glauben, um den Tag herbeizurufen, der noch immer nicht kommen wollte, die blassen Felsen zu färben.

Man hätte sich eine Engelsschar vorstellen können beim Versuch, den riesigen Deckel der Nacht anzuheben über dem hohen, vom eisigen Wind gepeitschten, gegeißelten Gras.

Würde die Tür sich jemals auftun? Wenn nicht, so haben sie ihren Ruf dem Tag jedenfalls lange genug entgegengeschrien.

In Aufstieg und Gesang dieser kleinen Geschöpfe lag eine Gewalt, die mich auch jetzt noch mit Staunen erfüllt. Gewiß, es waren keine Ariettas, um Salons zu bezaubern, und auch keine Elegien! Es schraubte sich durch das Gehör und zum Himmel hinauf, in der fast vollständigen Finsternis und dem Trommelfeuer des Frosts. So ungereimt das auch klingen mag, man hätte tatsächlich sagen wollen, es gäbe einen Zusammenhang zwischen diesen Schreien und den Gestirnen, die noch lange nicht verblassen wollten.

Lazarus, ausgestreckt noch in seinem Becken aus Stein. Und sie, unermüdlich über dem blassen Felsen, unsichtbar, verbissen, entfesselt.

Wer hat je so geschrien, um herbeizuzwingen den Tag?

Gellender noch als die Sterne, zwischen denen sie sich zu verlieren scheinen.

Das Erstaunlichste von allem: Diese bleichen Felsen, diese beißende Kälte und diese entfesselte Herausforderung, wie um den Himmel zu zwingen, endlich hell zu werden, um die Auferstehung herbeizuzwingen, um Lazarus aus seiner steinernen Gruft zu holen; um das riesige Gewicht der nächtlichen Grabplatte anzuheben.

Alle Saiten zum Zerreißen gespannt.

Wie der Berg in diesem Augenblick der Finsternis und der scharfen Kälte wartete auch ich darauf, erleuchtet zu werden, mich aufzurichten, hinaus aus dem Felsensarkophag wie Lazarus, während der Wind ringsum das Gras pflügte.

Ich war tot wie er, und nichts geschah als die wütenden Stöße des Windes und die Rutenhiebe des Frosts,

hätte es nicht plötzlich diese vollkommen unsichtbare Vogelschar gegeben, nur Raketen ihrer unermüdlichen Schreie;

und so wie sie auf den schwarzen Stufen immer höher stiegen, hätte man sagen können, sie mühten sich, die schwarze Grabplatte zu heben,

oder hämmerten alle zusammen an eine Tür,

wie kleine, entfesselte Engel, kleine Arbeiter, die kein anderes Werkzeug haben als ihre schrille Stimme (jubilierend oder verzweifelt, man hätte es nicht entscheiden können) und sich hartnäckig plagen,
die schwarze Platte zu heben,
an diese Tür zu hämmern, die sich wohl nie drehen wollte in ihren steinernen Angeln.

Wer so mit Beharrlichkeit und Wut hämmert
im Gebirge,
zwänge nicht auch er den Tag herbei?

Berge im Gegenlicht am Sommermorgen: es ist ganz einfach nur Wasser.

Daß die Poesie das Eisen des Schicksals biegen, für einen Augenblick beugen kann. Der Rest ist für die Schwätzer.

Hornissen und Feuer. Zu schreiben: »die Hornissen des Feuers« wäre allzu einfache Poesie, doch zwischen beiden besteht eine Verbindung; als sprängen einem Glutfunken ins Gesicht.

Eine ganze Nacht lang und, was äußerst selten ist, über den ganzen Kreis des Horizonts rollt der Donner: langes hartnäckiges Trommeln eines fernen orientalischen Orchesters.

Oder wie das Geräusch von Knochen, die man durcheinanderwirbelt.

AUGUSTSPLITTER

Spät in der Nacht des August
rötet sich das Auge des Stiers,
als wolle er die Erde befruchten.

Er weiß, früher oder später wird er geschlachtet,
und keine Kuh auf der Weide
auf dieser Seite des Himmels.

Welcher Glut entkamen diese Hornissen?

Wenn meine Gedanken brennen,
weiß ich warum.

Heut nacht
peitscht eisiger Wind die Gestirne;
man könnte meinen,
daß auch sie begieriger flammen.

Sollte es auch für sie
Unmögliches geben?

Wolken, glorreich sitzend wie Götter,

purpurgesäumt, wenn sie wandern zur Nacht.

Blindschleiche, hurtig wie Wasser,
schneller entwischt als ein heimlicher Blick,

Blindschleiche kühler Lippen.

All diese Tiere
oder Geister, unsichtbar,

weil man dem Dunkel sich naht.

Zu viele Sterne in diesem Sommer, Meister und Herr,
zu viele niedergedrückte Freunde,
zu viele Rätsel.

Ich spüre, immer unwissender werde ich
mit der Zeit
und ende bald verblödet im Dornengestrüpp.

Erkläre dich endlich, ausweichender Meister!

Zur Antwort am Wegrand:

Kreuzkraut, Wegwarte, Bärenwurz.

Am Himmel dieser lauen Morgendämmerung, in der sich das Gebirge veilchenblau färbt, während der runde Mond langsam verschwindet, kreuzen zwei Bussarde lautlos ihre Spiralen.

Wimpern, oder wohlgesinnte Vögel auf den Lippen.

Am 26. September 1988 verharrte die Welt den ganzen Tag hindurch vor meinen Augen reglos in der größten Heiterkeit, die ich je an ihr erblickt habe. Wenn hin und wieder leichter Wind aufkam, so schien er nur das Herz erfrischen zu wollen. Und so wirkte der Ventoux auf mich wie eine Sphinx, die auf unserer Türschwelle saß, um diese vor dem kleinsten Ärger zu schützen.

In der Morgendämmerung von einem Körper träumen, dessen einziger Schmuck, der noch zu rauben bliebe, die Sternbilder des September sind.

Der ferne, verborgene Körper, nah zuweilen und weniger verborgen: Heimstatt, könnte man sagen, eines übernatürlichen Lichts.

Die schweren Farben später Winternachmittage: Braun, das ins Rostrote geht, Purpur, Violett; tiefdunkles Grün, ferne Blautöne; und heute, zwischen dem Horizont und langgezogenen, vielleicht schneebeladenen Wolken, ein Stück Himmel, so klar, daß er jugendlich oder engelhaft wirkt. Die Umfriedung des großen Gartens erteilt noch immer denselben Rat: Ruhe, Geduld, vertrauensvolles Warten.

Andere »Camera degli sposi«, und unter ihrem Gewölbe jener leichte Kranz, jene luftige Bucht, belebt nur von wenigen, Rosen gleichenden Wolken. Als umfinge man mit einem einzigen Blick die Schiffahrt dort oben und, ganz unten, das glückliche Getümmel im Hafen.

Unsere Engel sind vielleicht nichts weiter als Wolken, deren Körper sich rosa färbt im Gelb der winterlichen Himmel.

FRAGMENTE,
AUFGEWIRBELT IM WIND

Ja, ja, das ist's,
das ist's!
rief sie aus.

Und ihr Gesicht schien erleuchtet
von etwas, das ihr entgegensah.

Erinnert euch:

gäbe es einen Blitz, langsam
und zum Sterben zart,
der den Körper durchströmt,
dann ist es das, was das Sterben uns nimmt.

Bei diesem anderen Sturm
sind selbst die Zähne sanft.

Neues Jahr.

Ist es mein Vater, der am Gartentor
die verschneite Glocke zieht?

Das große Haus erstrahlt,
voll mit Geschenken und Kleidern.

Durch die Glastür, wo sonst der Tag hereinkommt,
von Blättern gedämpft,

wer tritt zu dir in dieser Winternacht?

Vor lauter Donner
bekommt das Firmament heut Risse.

In der alten Welt
antworteten fast jedem Gewitter
eine entkleidete Nymphe
und ein ruhiger Hirt.

Sie sagte,
zwischen zwei Schreien,
zwischen zwei Tränenausbrüchen:
»Ich habe ein Laubdach gefunden
und einen schlafenden Freund.«

Und er:
»Frohe Botschaft vor dem Ende der Welt:
noch immer läßt die Sternenmilch
deinen Busen schwellen.«

Der runzlige, fleckige Stamm,
den die Zeit mit ihrem Efeu erstickt,
ergrünt, wenn ihn eine Rose berührt.

Sprich lieber vom Fluß als von der Ruine
oder besser: einzig von dieser Wasserruine.

Befehl an die abwesenden Hirten:

sie sollen die fliehenden Rehe ergreifen,
in die Irre geführt von den Wolken,
sie sollen die Zöpfe der Bäche lösen,
die seltenen Kräuter der Schlucht verschonen
und das Elfenbein des Felsens zum Tönen bringen
im Gebirge, wo jeder Baum sich zur Leier biegt.

(Grabmal des Dichters)

Laßt euch nicht täuschen:
nicht ich habe all diese Linien gezogen,
sondern einmal der Silberreiher oder der Regen,
dann wieder die Espe,
wenn nur ein geliebter Schatten sie erhellte.

Am schlimmsten hier ist, daß es niemanden gibt,
nah oder fern.

In dieser Nacht,
in diesem Augenblick dieser Nacht,
ich glaube, selbst wenn die Götter in Brand stecken
würden
die Welt,
bliebe von ihr stets eine Glut,
um wiederzublühen als Rose
im Unbekannten.

Nicht ich bin's, der das dachte, der das sagte,
sondern diese Winternacht,
sondern ein Augenblick, vergangen bereits, dieser
Winternacht.

Farben von Winterabenden: als gehe man noch einmal durch die Orangengärten von Córdoba.

»Niemals hätten die Hirten ihren traurigen Klagen
ein Ende gesetzt, und immer noch dauerten
ihre nur vom Berge vernommenen Lieder,
wenn sie, als die farbigen Wolken
beim Sonnenuntergang sich säumten mit Gold,
nicht bemerkt hätten, daß der Tag verging;
der Schatten erreichte
schon den waldigen Fuß
des hohen Gebirges, und die zwei Hirten,
als erwachten sie aus einem Traum, während verschwand
die flüchtige Sonne, geizend mit ihrem Licht,
führten ihre Herde davon
und kehrten heim, Schritt um Schritt ...«

»Die Quellen läuten an den höchsten Hängen der Berge«, das ist ein Vers jenes allzu anspruchsvollen ›Requiems‹, das ich 1946 geschrieben habe, ein Vers, entstanden aus der damals fast unmittelbar nahen, in mir aber durch die Jahre hindurch lebendig gebliebenen Erinnerung eines anbrechenden Sommerabends im Gebirge; und heute mache ich mir klar, daß solche Abende es waren, die in mir für immer den naiven Eindruck des Erhabenen (ich weiche diesem Wort nicht aus) eingraviert haben, der auf so natürliche Weise mit dem Gebirge und dem Anbruch der Nacht verbunden ist. Ich erinnere mich an das Ansteigen des nächtlichen Schattens im Tal,

wie an das von kühlem Wasser, diese Masse von Dunkelheit, die aus der Tiefe der Landschaft kommt, während die Gipfel noch strahlen wie Lichter, wie Kerzen, während die Lampen in den wenigen Holzhäusern aufleuchten und die Sterne wiedererscheinen, nachdem der Sonnenglanz sie den ganzen Tag lang vergessen ließ; diesen vereinzelten Lichtpunkten oben und unten antworten, so möchte man sagen, die unterschiedlichen, immer wieder aussetzenden, ebenfalls verstreuten Glokken der Herden, die draußen geblieben sind im dichten Weidegras; so wie endlich zum Mondlicht des Schnees eine lange, sich hoch oben verlierende Fontäne spricht.

Vor und nach vielen anderen hat Garcilaso in diesem Schlußstück seiner Ekloge jenen Frieden ausgesprochen, den man bis zu den äußersten Grenzen des Universums hin zu finden glaubt, und auch jene Echos, jene imaginären Antworten, die, für einige Augenblicke, einige Stunden vielleicht, eine Art Gespräch knüpfen, dessen beruhigte und hingerissene Gefangene wir sind.

Dort, unter den Eichen, lagen Felsen, die aussahen wie riesige Bücher, heruntergefallen von einem gigantischen Tisch oder Regalen, nach einem Erdbeben.

Gelänge es einem, dieser mageren Flöte, die man ist,
noch eine Melodie, eine letzte Melodie zu entlocken,
bevor man sich zu den armen alten Knochen gesellt,
die Gesicht und Namen haben nur noch in unserem Herzen …

Heckenrosen, die in weißen oder hellroten Girlanden in den Zypressen hinaufwachsen, wie die emporsteigenden Engel auf Grabsäulen. Sich zur Grabsäule eine dunkle, heckenrosenumflochtene Zypresse wünschen, das heißt träumen, schon in den Himmel getragen zu sein von Vögeln.

Diese Herde kräftiger, brauner Ziegen mit langen Hörnern und einem schwarzen Strich die Wirbelsäule entlang, denen der lahme Bock eher folgt als daß er sie führte, zwischen vertrockneten Bäumen, deren Äste krachen wie Knochen: genauso viele schöne Jüdinnen aus den Bergen, immer bereit, die Wachsamkeit des alten Rabbi in seinem Fetzentaled zu überlisten.

ERSCHEINUNG DER BLUMEN

Zur Antwort am Wegrand:
Kreuzkraut, Wegwarte, Bärenwurz.

Was ist es, was ich hier sagen wollte und so schlecht gesagt habe? Wieder einer dieser komischen Einfälle; etwas, was zu denken und zu sagen beinahe unmöglich ist. Ein Freund lag im Sterben, die Krankheit hatte plötzlich ihr wahres Gesicht gezeigt und ließ keinerlei Hoffnung; man sah, wie sich sein Geist von Tag zu Tag ein wenig mehr zerrüttete, aber doch nicht genug, so daß er es selbst noch merkte; dann kam es vor, daß er weinte wie ein Kind. Es gab auch Augenblicke, in denen er, der Greis, nur noch den Dialekt seiner Kindheit sprechen konnte. Es war, als würden wir selbst gnadenlos durchgeprügelt. Ich begriff unser Schicksal immer weniger; im Grunde genommen begriff ich überhaupt nichts mehr. Schlimmer als unwissend, dreißig Jahre nachdem ich mich so genannt habe: blöde, beschränkt. Doch es war Sommer, fast jeden Tag ging ich an einer blühenden Wiese entlang. (Man muß die Dinge sagen, wie sie waren, aber genau damit beginnen die Schwierigkeiten.) Etwas an diesem Ort hat mich, einmal mehr, überrascht und bezaubert (es gibt kein anderes Wort, obwohl es, wie viele andere, durch den Gebrauch so sehr an Kraft verloren hat).

Zunächst glaubte ich, mir diesen Zauber durch die bloße Überraschung erklären zu können: die Blumen auf dieser Wiese waren nämlich, wenigstens manche von ihnen, nur früh am Morgen zu sehen (wahrscheinlich weil sie sich unter der allzu großen Hitze später wieder schlossen); sie waren wie eine Erscheinung, eine jener Erscheinungen, die den Blick erst erwecken. Und dann waren es nur Blumen in drei Farben: Blau, Gelb und Weiß, die ich nicht oft gemeinsam auf einer Wiese gesehen hatte. Dennoch: empfindet man aus so geringem Anlaß diese Art von lautlosem Jubel, wie es mir jedesmal geschah, wenn ich im Vorübergehen diese Farben wiederfand? Und Rührung allein ginge ja noch! Aber da war etwas Schwerwiegenderes, Unverständlicheres, woraus das allzu rätselhafte und gleichzeitig allzu wenig rätselhafte Ende jenes Gedichts entstanden ist: fast vom ersten Augenblick an habe ich mir bei diesen Blumen tatsächlich gesagt, daß sie vielleicht die einzige Antwort auf das Grauen waren, in das wir unseren Freund hinabgleiten sahen. Ein Satz, den man nur zögernd wagt, den man jedoch wagen muß. Ein Satz, den ich natürlich zu verstehen suchte, indem ich stehenblieb, näher herantrat an die Wiese. Hier Persephone beim Pflücken dieser Blumen zu treffen, wäre vielleicht ein geringeres Geheimnis gewesen.

Schnell hatte ich die blaue der Blumen erkannt: die Wegwarte, und ebenso die gelbe: das Kreuzkraut; was die weiße anging, ein Doldenblütler, so war mein Wissen unsicherer. Für das Gedicht habe ich »Bärenwurz« gewählt, einmal weil es stimmen konnte, dann auch weil etwas Sanftes in diesem Namen lag und er einen schwachen Widerhall jener Dolde weckte, den diese Blume an der Spitze ihres Stengels trug, die anderen ein wenig überragend. Indem ich einfach nur diese drei Namen am Ende des Gedichts aufzählte, ohne jede Erklärung, mochte ich im äußersten Fall hoffen, dies würde gerade durch die Abwesenheit jeglichen Sinns die Wirkung einer magischen Formel haben; das war eine Täuschung. Ich konnte es nicht bewenden lassen bei Botanik und falscher Magie. Wenn ich dagegen nur die Farben aufzählte, wäre es Malerei ohne die Mittel der Malerei, und ich würde vom Wesentlichen auch nichts aussprechen.

Diese Farben mußten also zu etwas anderem »führen« (in meinem Geist, vielleicht aber vermochten andere als ich, dies in einem tieferen Sinne zu teilen). Das Blau der Wegwarte kannte ich, sie ist eine der Blumen, die am längsten die Wegböschungen schmücken. Dieses Blau war wie Himmel; und hier auf der Wiese war es ausgestreuter Himmel, nachts herabgeregnet, Tau, Luftstückchen im Gras. (Ich hätte auch versucht sein können zu schreiben: Schmetterlinge; oder Blicke. Nein, nein.) Es waren fast unsichtbare Stückchen Himmel, aufs Geratewohl ausgesät.

Das Gelb wiederum, das sich daruntermischte, dazugesellte, war eines, wie man es, glaube ich, nicht oft bei Feldblumen sieht, ein helles Gelb, nichts als Gelb, das weder an die Sonne noch an Gold oder Stroh erinnert; beinahe schal, beinahe nichtssagend, das heißt, ohne jeden wahrnehmbaren Hintergrund, ohne Tiefe; es ließ sich mit nichts vergleichen, öffnete sich anscheinend auf nichts. Harmlos? Schal und harmlos. Näher heranzutreten brachte mich kaum weiter.

Schließlich das Weiß, es war im Grunde auch bloß irgendein Weiß, ohne Glanz und Zauber, beinahe stumpf; einfach nur leicht, ganz leicht auf eine gewisse Höhe gebracht, Kronen, ohne viel Prunk hergeschenkt von der Natur. Hat gerade die Tatsache, daß diese Farben sich mir entzogen, daß diese Wiesenblumen sie mir entzogen, ihnen erlaubt, mir einen Augenblick lang als Schlüssel zu erscheinen, zu dieser Welt und zu der anderen? Die andere, von der Persephone verschlungen wurde, während sie Blumen pflückte.

Ich verstand also noch immer nichts, konnte noch immer nichts sagen. Einfach »gelb, weiß, blau« zu schreiben, hätte geheißen, eine Fahne flattern lassen, wo es nur Unterschiedliches gab, Vermischtes, beinahe Nichtssagendes, Verstreutes; ein undeutliches Rauschen.

Farben, die sich ringsum entzünden, vielleicht eher leuchten; ein kleines Blumenfest, ein Kinderfest: etwas Harmloses, Leichtes, Unschuldiges. Und kein Rot! Nichts, was an Blut oder Feuer erinnert, selbst wenn sie verwandelt wären. Auch kein Rosa wie auf der Wange einer Frau! Farben, wie man sie auf den alten Bannern für Prozessionen sah, die es nicht mehr gibt.

Kinderfarben, hergeschenkt; frühmorgendliche. Könnte es das Lied einer Schulklasse sein, das man im Vorübergehen aufschnappt? Oder ein einfacher Gesang, der mit den Bannern der Felderweihe über den Köpfen schwebt?

Allzu lange Umwege für den kürzesten Rat.
Allzu komplizierte Umwege für das harmloseste Lied.

Es dürfte kein »wie« mehr als Schutzschild geben, oder dieses »wie« müßte erleuchten.

Wir wurden gnadenlos durchgeprügelt in jenem Sommer (irgendwo wird immer ein Körper geprügelt). Wir bekamen den schnellen Verfall eines Denkens, eines Herzens gezeigt. (Eine Blume verfällt nicht, stammelt nicht, weint nicht.) Unnötig zu predigen: Seht, was euch erwartet. Während diese Blumen sich öffnen, verlöschen, Tag um Tag.

Früher einmal hatte ich in einem Mandelbaumgarten ganz nah bei dieser Wiese das schmerzerfüllte Gesicht einer Frau aufscheinen sehen, die langsam den Boden unter den Füßen verlor, und das hatte mir für lange Zeit das Schneelicht dieses Ortes entstellt. Das war verständlich. Heute drängte es mich, das Gegenteil zu sagen: daß ein Blütenwirbel auf meine Abwehr antwortete, auf meine Angst vor der Hölle, in die der Mensch zuweilen gestoßen wird, daß er sie verschluckte wie ein grelles Licht an manchen Tagen die Berge.

(Erst jetzt fällt mir auf, daß es die Farben von Meisen waren, sogenannte kalte Farben, wie Wintervögel sie tragen. Ihr Name, *mésanges*, reimt sich auf *anges*, Engel, obwohl es kleine geflügelte Oger sind, kampflustig und gefräßig.)

Gelb, weiß, blau: Farben von Bädern, Farben von Fayencen. Jetzt erinnere ich mich an jene Gärten in Andalusien oder Portugal, wo die Fayence schon für sich allein Wasser, Himmel und Brunnen zu sein scheint. (Und ganz nah im Schatten leuchten gewiß Zitronen.) Ich erinnere mich auch an einen Vormittag in Lissabon, ein Essen mit Freunden am Ufer des Tejo, wo die gleichen drei Farben zu sehen waren, Blau und Weiß schlängelten sich um

Pfähle, ähnlich jenen, an denen man in Venedig die Gondeln vertäut, mit dem Gelb war etwas angestrichen, ich weiß nicht mehr was, es ist auch unwichtig, und diese Farben in einem silbernen Licht, das sie, wie soll ich sagen? verfeinerte, leichter machte, emportrug zu einem Himmel, der genauso freundlich war wie die Erde, in einem Funkeln gleich jenem des Tejo selber; als ob die Zeit selber glitzerte.

Die Gedanken mögen also schweifen, glücklich reisen und wiederkehren, immer noch glücklich, in ihr Zuhause.

Der alte Mann hat dies Erscheinen der Blumen nicht lange überlebt. Natürlich haben sie ihn nicht gerettet, uns nicht getröstet, sie werden niemanden retten, niemanden trösten. Durch seine Visionen entkommt keiner dem Zugrundegehen. Die Heiligen verfaulen wie wir anderen. Das zumindest ist eine Gewißheit. Und doch ...

Persephone, Tochter der Erde, pflückte Blumen, da tat sich der Boden auf unter ihrem schönen Schritt.

Es gibt also wirklich das Unsichtbare, das Verborgene. Nichts jedoch, was auch nur im geringsten etwas zu tun hat mit jenen immer mehr oder weniger trüben und lächerlichen Geistern, die der Okkultismus beschwört, mit Gespenstern und Dämonen. Kein Kult, kein Ritus, auch wenn sie auf andere Weise helfen können, helfen konnten. Weder Askese noch Trance oder Ekstase. Allergrößte Fremdheit, doch von Fremdheit nicht die kleinste Spur.

Hölderlin hat geschrieben, alles, was rein, in Reinheit hervorsprudelt, jedes Reinentsprungene sei ein Rätsel.

Vielleicht gibt es einen unsichtbaren Kreislauf, der sich auf diese Weise durch Zeichen offenbart; die Zeichen wären zerbrechlich, so wie wir gebrechlich sind, aber der Kreislauf ginge weiter über jede Art von Bruch hinweg. Ein Landstreicher kann etwas davon erfahren, ein solches Almosen empfangen. Ein rasch vergeudetes wahrscheinlich.

In dieser Welt gehen wir
auf dem Dach der Hölle
und schauen die Blumen.

Hier ist der Ort, noch einmal dieses Gedicht des Japaners Issa zu zitieren. Vielleicht gibt es eine Verbindung und nicht nur einen Widerspruch zwischen Hölle und Blumen. Man könnte so weit gehen, eine Verrücktheit auszusprechen, die heutzutage ungehörig erscheinen mag, die es zu allen Zeiten gewesen wäre, denn lange schon ist die Hölle an die Oberfläche unserer Welt gekommen: daß jene lauter sprechen als sie, oder daß sie von dem sprechen, was den Sieg davontragen könnte über beide, Blumen und Hölle.

Brunnen. Helle Sonne, Schülersonne. Und heute früh nicht der kleinste Widerschein von Blut oder Feuer, nicht die kleinste Wut, nicht die geringste Versuchung! Brunnen im ersten Sonnenlicht.

Jetzt sind auch die Meisen beruhigt.

Vielleicht hat sich ein unsichtbarer Teil von uns selbst in diesen Blumen geöffnet. Oder es ist ein Meisenflug, der uns anderswohin trägt, man weiß nicht wie. Verwirrung, Verlangen und Furcht sind ausgelöscht für einen Augenblick; Tod ist ausgelöscht, für die Zeit einiger Schritte am Wiesenrand.

Das schmale Halbrund des Mondes, abends im Garten erblickt, diese Sichel, die reine Täuschung ist, etwas Spitzes, aber auch sanft Leuchtendes, die »Milchsichel«, die schnell ihre Form verlieren wird, sich für einen Augenblick dem Himmel der untergehenden Sonne einprägt und uns immer überrascht, eine treue, ferne, aber gegenwärtige Begleiterin. An das Bild der Sichel schließt sich zwingend das der Hand, die sie halten müßte, der Schnitterin in einem feierlichen Umzug zu Ehren der Ceres – als sähe man von einem Fest nur ein Wahrzeichen über der im Dunkel verborgenen Menge; etwas, was man naiverweise als gut, freundschaftlich empfindet, weil in diesem Glanz jenes andere Licht besänftigt ist, dem man nicht ins Gesicht blicken kann. Und man sagt sich: Er ist wieder da, wieder einmal, mir geschenkt ohne Lärm, ohne Drumherum, und nicht nur mir allein, wie seit Anbeginn der Welt, mit dem sein Schimmer mich zu verbinden scheint. Er ist eine Sichel, und er ist ein Band. Er geht getreu seinen Weg, und man möchte glauben, dort oben drehe tatsächlich ein Wächter seine Runden, um uns zu schützen vor der Nacht.

Ich erinnere mich auch an jene Umzüge von Kindern, die leuchtende Laternen trugen, früher einmal. Es wird nur mehr einen geben, spät, ruhig, stur. Um daran zu erinnern, daß es eine Kindheit gibt, eine schüchterne Freude, unbefangen und beinahe blind; ein Lied.

Der Vogel in jenem Feigenbaum, der sich gerade erst zu lichten beginnt und sein erstes gelbes Blatt zeigt, war nur noch eine sichtbarere Gestalt des Windes.

Als ich gegen Tagesende Dornengestrüpp verbrannte, sah ich plötzlich Dunstschwaden näherkommen, sichtbar gewordene Stille, nasser und kalter Rauch, aufgestiegen eher aus Wasser denn Feuer, Ausdünstung der feuchten Erde, Atem, plötzlich so kalt geworden wie Stahl, eine Bedrohung vielleicht, die ich jedoch mochte, denn sie war wirklich, lebendig, »wahr«; als ob alles besser wäre als Gedanken oder der Tod.

Eine Herde, geräuschlos herangeschlichen, um mir mit kalter Zunge die Hand zu lecken. Während auch die Nacht näherkam.

Notiz

Da der französische Titel *Cahier de verdure* im Deutschen nicht zufriedenstellend wiedergegeben werden kann, wurde von Autor und Übersetzern ein anderer gewählt.

Die deutsche Übersetzung in dieser einsprachigen Ausgabe gibt den freien, reimlosen Vers der Gedichte dem Französischen entsprechend wieder.

Das Aquarell »Quittenbaumblüten« auf dem Einband stammt von Anne-Marie Jaccottet.

E. E. / W. M.

Inhalt

Bei Fragen zur Produktsicherheit wenden
Sie sich bitte an den Carl Hanser Verlag:
Vilshofener Straße 10, 81679 München
info@hanser.de